RENÉ DE SAVIGNY DE MONÇORPS

1837-1915

V.te de Savigny de Moncorps
Commandant au Rég.t des mobiles de la Nièvre

GEORGES VICAIRE

de la Société des Bibliophiles françois

LE VICOMTE
DE SAVIGNY DE MONCORPS

DE LA SOCIÉTÉ DES BIBLIOPHILES FRANÇOIS

ET DE LA

SOCIÉTÉ DES AMIS DES LIVRES

1837-1915

PARIS

LIBRAIRIE HENRI LECLERC

219, RUE SAINT-HONORÉ, 219

M DCCCC XVI

NOTICE

De ces hommes est René de Savigny, qui s'est éteint doucement, le 6 octobre 1915, à l'âge de soixante-dix-huit ans.

Fils de Charles, comte Regnault de Savigny de Moncorps, et de la comtesse, née de Moncorps, René-Jean-Baptiste, vicomte Regnault de Savigny de Moncorps, était né, à Nevers, le 24 décembre 1837. Son père, ancien officier, « ami fort éclairé des arts, collectionneur passionné, cultivant les lettres avec amour » (2), ne voulut céder à personne le soin d'instruire ses enfants. Il se fit leur éducateur et leur maître.

Dès son enfance, René de Savigny manifesta un goût très vif pour la carrière des armes. Préparé par

(1) Cette épigraphe est empruntée à l'un des plus charmants articles écrits sur le vicomte de Savigny, au lendemain même de sa mort, *Ceux dont il faut se souvenir*, par Léon de Tinseau. On le trouvera reproduit *in extenso*, p. 57.

(2) *Quelques mots sur les fables inédites de M. de Savigny. Nevers, imprimerie G. Vallière*, 1884, in-8, p. 4.

son père aux examens de Saint-Cyr, qu'il passa bril-
lamment, il fut admis à cette École en 1857 et y fit
partie de la promotion de l'Hindoustan. Deux ans plus
tard, il en sortit sous-lieutenant au 1ᵉʳ régiment de
Carabiniers (1). Quelques jours après sa nomination,
le colonel de ce régiment d'élite, qui tenait alors
garnison à Versailles, M. le Duc de Lesparre, adressait au jeune officier la lettre suivante :

> 1ᵉʳ régiment de Carabiniers
> Le Colonel
>
> J'ai bien regretté, mon cher Monsieur de Savigny, de
> n'avoir pas pu vous voir à votre passage à Versailles. Je
> suis enchanté, d'après tout le bien que j'ai entendu dire
> sur votre compte, de vous voir dans mon régiment. Vous y
> serez heureux, j'espère, et je ferai mon possible pour con-
> tribuer à vous rendre la vie agréable et à vous faciliter vos
> premiers pas dans la carrière.
> Recevez, mon cher Monsieur de Savigny, l'assurance des
> meilleurs sentiments
>
> de votre Colonel
>
> GRAMONT LESPARRE
>
> Versailles, 28 novembre.

En 1865 (2), le sous-lieutenant de Savigny était
promu lieutenant au 5ᵉ escadron du même régiment ;
au bout de dix-sept mois (3), le brillant officier de
Carabiniers de la Garde Impériale démissionnait et son
colonel, qui le tenait en particulière affection et le trai-

(1) Nommé par décret du 2 novembre 1859.
(2) Le 8 juillet 1865.
(3) Le 19 janvier 1867.

tait comme son fils, l'informait en ces termes de l'acceptation de sa démission :

Garde Impériale
Carabiniers
Le Colonel

Melun, 1er février 1867

Mon cher ami,

Votre démission est acceptée, vous ne faites plus partie du Régiment. Au moment où vous nous quittez, j'éprouve le besoin de vous dire que vous laissez parmi nous tous de grands regrets. Pendant les années de votre jeunesse que vous avez passées au Régiment, vous avez su vous attirer l'estime et la sympathie de tous ceux avec lesquels vous avez servi. Ce sera pour vous, j'en suis certain, un bon et précieux souvenir. Pour ma part, je n'oublierai jamais les bons rapports que nous avons eus ensemble ; j'ai toujours trouvé en vous tout ce que je pouvais attendre de zèle, d'affection et de dévouement.

Je garderai pour vous, mon cher René, une profonde estime et une sincère et véritable affection, de votre part n'oubliez pas votre vieux et ancien colonel et votre bien dévoué ami

Duc de Lesparre

Trois ans se sont écoulés depuis le jour où Savigny a renoncé à la vie militaire quand éclate la guerre de 1870. L'âme toute vibrante d'un ardent patriotisme, il reprend l'épée et la met au service de son pays que menacent les hordes allemandes. Nommé, le 16 août, capitaine au 2e bataillon du 12e régiment de mobiles (Nièvre), il est, le 2 septembre, promu chef du même bataillon.

Le 10 octobre, un violent combat se livrait à Arthenay ; le lendemain, les Prussiens attaquaient

Orléans. Les Mobiles de la Nièvre prirent une part énergique à ces deux engagements ; mais, après avoir lutté, suivant l'expression du colonel de Jouffroy, « comme des lions », écrasés par la supériorité numérique de l'ennemi, ils durent se replier, non sans lui avoir infligé des pertes sévères. Ce fut particulièrement à la gare des Aubrais que le 2ᵉ bataillon des mobiles nivernais se fit remarquer par son magnifique élan. Les témoignages abondent, je n'en citerai que quelques-uns.

Voici d'abord de courts extraits d'un rapport officiel adressé au Ministre de la Guerre par M. le baron de Bourgoing, colonel du 12ᵉ régiment de mobiles (1) :

« Le combat d'Arthenay est un fait d'armes qui place le 12ᵉ mobiles au rang d'un vieux régiment. Nous possédons plusieurs rapports prussiens qui constatent sa bravoure. En effet, ce régiment fut engagé pendant cinq heures sous un feu meurtrier..... Les trois commandants, MM. de Veyny, de Pracomtal et de Savigny firent preuve d'une très grande bravoure. »

Passant au combat d'Orléans, le colonel de Bourgoing écrit : « L'ennemi arriva en grand nombre, voulant à tout prix enlever les lignes du chemin de fer. La 6ᵉ compagnie (capitaine Pétry) soutint le choc d'un bataillon bavarois qui, cherchant à lui couper la

(1) Garde mobile de la Nièvre. Historique du 12ᵉ régiment de mobiles. 1ᵉʳ, 2ᵉ, 3ᵉ bataillons (Nièvre). Campagnes : 1870, Armée de la Loire ; 1871, Armée de l'Est. *Nevers, imprimerie et lithographie Barthe et Brulfert,* 1871, in-8, pp. 17, 21, 22 et 26. La première partie de cet historique est rédigée par M. le baron Philippe de Bourgoing, colonel du régiment ; la seconde, par M. le marquis de Veyny, lieutenant-colonel.

retraite, voulait s'emparer d'un pont. Alors arriva au secours de la 6ᵉ le brave commandant de Savigny avec les compagnies de Cosne (capitaine Paul Tiersonnier) et de la Charité (capitaine Ludovic Tiersonnier). L'ennemi fut repoussé jusqu'à la gare des Aubrais..... Dans cette journée, tout le deuxième bataillon a vaillamment fait son devoir. Il faut citer la bravoure de M. de Savigny..... Les mobiles des 2ᵉ et 3ᵉ bataillons du 12ᵉ régiment furent les dernières troupes qui évacuèrent Orléans. Ils cédèrent à des forces considérables et encore ce fut parce que les munitions manquèrent dès que la nuit les surprit. C'est grâce à la résistance héroïque du 12ᵉ mobiles, du régiment étranger et des chasseurs à pied que le matériel énorme que contenait Orléans put être évacué sur Bourges ».

« A la gare d'Orléans, écrit M. Grenest (1), le général Borel, qui s'y trouve et dirige l'évacuation du matériel de guerre, fait compliment au 2ᵉ bataillon sur sa conduite de la veille et lui demande son aide pour renforcer la défense des Aubrais que les Prussiens attaquent, afin qu'on puisse envoyer le matériel sur Vierzon. *Par le flanc droit,* commande, pour toute réponse, le commandant de Savigny, et le bataillon se dirige vivement sur les Aubrais..... L'ennemi vient de s'en rendre maître. Les Prussiens veulent maintenant s'emparer de celle d'Orléans et se portent en force contre le 2ᵉ bataillon du 12ᵉ qui s'est déployé dans les vignes et a

(1) L'Armée de la Loire. Relations anecdotiques de la Campagne 1870-71. Toury. Orléans. Coulmiers..... *Paris, Garnier frères,* 1893, in-8, pp. 69-70.

Grenest est l'anagramme du nom du commandant Eugène-Désiré-Édouard Sergent.

engagé une, violente fusillade avec l'ennemi....
L'ennemi devient, d'instant en instant, plus pressant
et plus nombreux ; il lui faut la gare d'Orléans à tout
prix et la 6ᵉ compagnie (capitaine Pétry) se trouve aux
prises avec un bataillon bavarois, qui cherche à lui
couper la retraite en s'emparant d'un pont. Il va y par-
venir quand le commandant de Savigny arrive au
secours du capitaine Pétry avec la 3ᵉ et la 4ᵉ compagnie.
L'ennemi est aussitôt refoulé, avec des pertes sérieuses,
jusqu'à la gare des Aubrais. Un officier supérieur alle-
mand et plusieurs officiers restent sur place, vingt
Bavarois sont faits prisonniers..... Excités par l'exemple des Chasseurs à pied et de la Légion étrangère, les
mobiles continuent la lutte jusqu'à la mort et jusqu'à
épuisement de cartouches, et c'est sous une grêle d'obus
qu'ils se retirent définitivement sur la ville. Le 2ᵉ bataillon de la Nièvre s'était montré l'égal des troupes
régulières les meilleures. Le commandant de Savigny,
les capitaines Pétry, Paul et Ludovic Tiersonnier,
les lieutenants Soucques et du Colombier, le sous-
lieutenant Gallié avaient montré une grande bravoure. »

D'un article de M. R. de Sutil sur les combats
d'Orléans (1) j'extrais ces quelques lignes :

« Les trois chefs de bataillon de Veyny, de Savigny et
de Pracomtal ont été admirables de sang-froid. Ils
étaient aussi calmes qu'à la manœuvre ! Le lendemain,
reprise de la lutte et combat à la gare des Aubrais. Là,
durant une demi-journée, les mobiles de la Nièvre te-
naient en échec les Bavarois, en nombre considérable.

______

(1) *Paris-Journal*, 22 avril 1882.

Le 2ᵉ bataillon (commandant Vᵗᵉ de Savigny) fit des prodiges. »

Un témoin oculaire, M. Henry d'Assigny, capitaine au 3ᵉ bataillon du régiment nivernais, rend également hommage à l'énergie du 2ᵉ bataillon et à la vaillante attitude de son chef :

« Le 2ᵉ bataillon retourne à la gare des Aubrais et, là, soutenu par deux bataillons de la Légion étrangère (colonel de Jouffroy), il supporta de trois à sept heures, tout l'effort de l'infanterie bavaroise. Ce combat fit le plus grand honneur au 2ᵉ bataillon et à son commandant de Savigny (1). »

Alphonse de Neuville, l'un des maîtres de la peinture militaire contemporaine, lié d'amitié avec le vicomte de Savigny de Moncorps, a peint à l'huile un superbe portrait du commandant des mobiles de la Nièvre. C'est ce portrait, si vivant, reproduit par l'héliogravure pour une publication de luxe (2), que nous avons placé en tête de ces pages.

(1) [Henry d'Assigny] — 1870-1871. — Le 12ᵉ mobiles aux armées de la Loire et de l'Est. Journal d'un officier du 3ᵉ bataillon. *Lyon, lithographie Vve Giraud, s. d. (1873), in-4, p. 12.*

(2) Jules RICHARD. En campagne (première série). Tableaux et dessins de A. de Neuville. *Paris, Boussod, Valadon et Cⁱᵉ,* s. d. (1885), in-fol., p. 96.

L'auteur accompagne le portrait du commandant de Savigny — qui ne porte comme légende que *Portrait de M**** — de l'appréciation suivante : « Dans le portrait ci-contre, notre peintre a trouvé la note juste, la note exquise : un gentleman de haute mine, bien entré dans sa casaque militaire, la tête haute, l'œil spirituel, la physionomie pas commode mais bon enfant, et surtout point de raideur militaire, pas de pose de photographie. »

Par testament du 6 juin 1914, M. de Savigny a légué, en ces termes, l'original au Musée de l'Armée : « Je lègue au Musée

Le 5 décembre, le chef de bataillon de Savigny recevait la juste récompense de son héroïque conduite au feu : la croix de chevalier de la Légion d'honneur, près de laquelle vint s'épingler, dans la suite, sur sa poitrine, la médaille des combattants de 1870. A l'occasion de la remise de cette médaille, M. l'abbé Robert, curé de Seillans, a composé une poésie, inspirée par le plus pur patriotisme, dont je tiens à citer ces quelques vers (1) :

Mais bientôt les Prussiens retenus à distance
Vinrent, par un circuit, briser la résistance
Et quand leurs mouvements furent bien dessinés,
Savigny dit, superbe : « A moi les Nivernais !
« Couchez-vous dans les creux qui sillonnent les vignes
« Et tirez sans faiblir pour venger vos insignes ;
« La gare des Aubrais sera le rendez-vous.
« Hardi, mes bons enfants, que Dieu veille sur nous ! »

Le vicomte de Savigny de Moncorps ne termina pas

de l'Armée mon portrait par Alp. de Neuville qui devra être exposé avec la mention « Portrait du Vte de Savigny de Moncorps, ancien chef de bataillon au régiment des mobiles de la Nièvre, défenseur de la gare des Aubrais à l'héroïque combat d'Orléans, le 11 8bre 1870. » Il a également légué au même Musée, après usufruit désigné dans le testament, la canne de commandement du lieutenant-général vicomte de Villerslafaye, exempt à la Compagnie écossaise des Gardes du corps de Louis XVIII, ainsi que le fusil de chasse de Louis XV enfant. Ces legs ont été acceptés par le ministre de la Guerre au nom de l'État.

(1) Cette poésie intitulée : *Amour national, épisode de l'Armée de la Loire 1870-1871*, a obtenu une médaille d'argent au concours de l'Académie des jeux floraux, novembre 1912 ; elle a été publiée dans *Notre Montagne*, bulletin hebdomadaire, paraissant à La Martre (Var), n° du 24 novembre 1912.

la campagne avec ses braves mobiles de la Nièvre. Le 14 décembre, il était affecté à un régiment d'Éclaireurs à cheval en qualité de chef d'escadrons qu'il commanda jusqu'à la conclusion de la paix (1).

Après la guerre, M. de Savigny passa dans l'armée territoriale; en 1876, le général Ducrot, qui commandait le 8e corps d'armée, se l'attacha comme officier d'ordonnance. En 1880, l'ancien carabinier de la Garde Impériale démissionnait et cessait de faire partie du cadre des officiers (2).

L'épée remise au fourreau n'en devait plus sortir. Et quand survint cette terrible guerre, qui met à feu et à sang la presque totalité de l'Europe, une partie de l'Afrique et de l'Asie, ce fut pour mon vieil ami, devenu septuagénaire, un inexprimable regret de ne pouvoir plus concourir, sabre en main, à la défense de sa chère Patrie. Le cœur, resté jeune, battait comme en 1870, empli d'une mâle ardeur, mais l'âge ayant accompli son œuvre inexorable, le corps avait faibli. L'ancien commandant dut, non sans chagrin, se résigner. S'il ne lui était plus permis d'entrer dans la fournaise, du moins voulut-il, à ceux qui en sortaient, affligés et meurtris, apporter une aide secourable et bienfaisante (3). Secondé par l'inlassable dévoûment de la

(1) Le colonel de Bourgoing avait reçu, le 4 décembre, du Gouvernement de la défense, mission de former un corps d'éclaireurs montés qui prit le nom de 1er régiment de mobiles à cheval; il fut recruté parmi des volontaires, des mobiles, des mobilisés, désireux de faire la guerre comme cavaliers.

(2) Nommé par le ministre de la Guerre le 19 janvier 1876. — Démissionnaire le 10 janvier 1880.

(3) Le vicomte de Savigny était membre de la Société de secours aux blessés militaires depuis sa fondation.

vicomtesse de Savigny, il installa, dans son domaine de Seillans, un hôpital où nombre de blessés furent entourés des soins les plus assidus et des plus réconfortantes consolations.. N'était-ce pas encore une manière, une belle manière de servir son pays ?

Jusqu'à l'heure où Savigny exhala son dernier souffle, sa pensée ne cessa d'aller à la France, à cette France-bien-aimée, dont son cœur de patriote souhaitait ardemment la triomphante résurrection.

De toutes les lettres qu'il m'écrivit, depuis le début de la guerre, il n'en est peut-être pas une où il n'envisage la victoire de nos armes. J'en extrais quelques passages :

27 août 1914. — Quelles heures angoissantes nous vivons, cher ami ! Combien de parents et d'amis à la frontière et comme je regrette de ne plus être assez jeune et assez bien portant pour prendre part à cette guerre vengeresse, contre les barbares ! Dieu veuille que le succès couronne nos armées ! Ayons confiance, tout se passe mieux qu'en 70, depuis le début où la mobilisation s'est effectuée avec ordre et entrain.. Nos vaillantes troupes sont remplies d'ardeur et du désir d'une revanche éclatante !

26 décembre 1914. — Souhaitons la réalisation des vœux que nous formons en commun puisque nos cœurs sont à l'unisson dans l'amour de notre Patrie. Que 1915 voie la France victorieuse et délivrée des barbares qui souillent son sol sacré ! Conservons une inébranlable confiance dans le succès final qui nous apportera une paix durable et définitive !

28 juin 1915. — Que de choses heureuses et malheureuses j'ai vues depuis ma sortie de Saint-Cyr ! et j'espère vivre assez pour en voir une qui nous comblerait tous de bonheur : la victoire. Ayons confiance dans la Providence si héroïquement aidée par nos vaillants soldats.

Savigny est entré trop tôt dans l'éternité pour éprouver la joie de voir se réaliser son espérance. Mais le jour viendra, prochain peut-être, où les cloches sonnant à toute volée, où les trompettes, joyeuses annonciatrices de la victoire, réveilleront de leurs voix argentines et de leurs fanfares triomphales les mânes du fier soldat qui rêvait d'une France glorieuse et libérée.

Revenons à l'année 1867. Le vicomte de Savigny a quitté l'armée active ; il partagera, désormais, sa vie entre le monde, les voyages, les lettres et la bibliophilie.

Admis au Jockey-Club, en cette même année 1867, il y fait la conquête de ses collègues qui ne le désigneront bientôt plus que sous cette appellation : « Sympathique à tous. » Appellation flatteuse et combien méritée ! car il est difficile de rencontrer un homme réunissant, de façon plus complète, toutes les qualités du cœur et de l'esprit jointes à une élégance du meilleur ton et à une distinction plus naturelle. Aucun de ceux qui ont eu la bonne fortune de vivre dans son intimité ou seulement de l'approcher ne me contredira. Un ami cher a tracé du parfait gentilhomme qu'était René de Savigny un portrait d'une note si juste, d'une touche si délicate, que ce serait folie d'y vouloir ajouter (1).

____

(1) *Ceux dont il faut se souvenir*, p. 57.

Le gentilhomme accompli fut aussi l'homme de bien par excellence. Le comte de Savigny avait enseigné à ses enfants, dès leur jeune âge, la pratique de la charité. Une de ses fables, intitulée *Richesse oblige,* représente un pauvre hère, à la porte de la cuisine du château, demandant un morceau de pain :

> Où va mon fils?.... Laissez-le faire ;
> Car, devinant la charité,
> A l'aspect de tant de misère,
> Le peu d'argent qu'ont mérité
> Son travail et sa diligence,
> Il vient l'offrir à l'indigence :
> « Prenez, dit-il, vous avez faim
> Voilà pour acheter du pain (1) »

Le fils n'oublia jamais les enseignements du père. Compatissant aux misères et aux souffrances des déshérités de la vie, il pratiqua vis-à-vis d'eux une charité aussi intelligente que discrète et, quoiqu'il donnât beaucoup, c'est ici le cas de rappeler le vers du poète

La façon de donner vaut mieux que ce qu'on donne.

Nul ne fit en vain appel à son cœur d'or. Les œuvres de bienfaisance trouvèrent toujours sa bourse ouverte. « Je dois, écrivait à Madame de Savigny M. le Curé de Notre-Dame de la Victoire, à St-Raphaël, et veux être discret sur ses larges aumônes qui m'ont permis souvent de réaliser le bien dans ma paroisse

---

(1) Quelques mots sur les fables inédites de M. de Savigny. *Nevers,* 1884, in-8, p. 11.

Seillans 29e Août 1915.

et qui m'ont aidé puissamment dans l'établissement et le développement des œuvres. »

Les pauvres que secourait M. de Savigny auraient tout perdu en le perdant si celle qui le pleure aujourd'hui, imbue du même esprit de charité, ne s'était faite la douce et zélée continuatrice de ses bonnes œuvres.

Le vicomte de Savigny de Moncorps habitait tour à tour la Nièvre, son pays natal, Seillans, Saint-Raphaël, ses pays d'adoption, et Paris.

A vrai dire, il ne faisait, dans la Nièvre, que de courtes apparitions. C'est à Seillans qu'il prolongeait le plus ses séjours ; c'est là que, dans son hospitalière demeure, au milieu des jasmins, des mimosas et des roses, il aimait recevoir ses amis et leur faire admirer les incomparables beautés de sa chère Provence ; c'est là aussi qu'à travers les sinueuses allées de ce parc embaumé il se plaisait à promener sa rêverie, entouré de ses sept magnifiques colleys dont le fidèle « Rudolph. » était le préféré (1).

De Seillans, plusieurs fois par an, il descendait à Saint-Raphaël et venait jouir, dans sa ravissante villa, l'*Oustalet doù Capelan*, de la vue féerique des côtes baignées par les flots bleus de la Méditerranée. Voisin de la *Maison close* d'Alphonse Karr, l'Oustalet est un délicieux nid dans les fleurs. Gounod l'avait habité jadis, ainsi qu'en témoigne une plaque apposée sur le portail de la propriété (2).

(1) L'héliogravure ci-contre a été exécutée d'après une photographie de Madame la vicomtesse de Savigny de Moncorps, la dernière qui ait été faite de son mari.

(2) « L'illustre maître Gounod composa *Roméo et Juliette*, à l'Oustalet doù Capelan, au printemps de 1866. »

Grand amateur de yachting et de pêche, René de Savigny possédait un élégant petit côtre, le *Nautilus*, à bord duquel il fit, sur les côtes méditerranéennes, mainte et mainte croisière. L'une de ses excursions favorites était celle de l'île de Port-Cros où il allait retrouver son vieil ami et ancien compagnon d'armes, le marquis Costa de Beauregard, de l'Académie française. Le *Nautilus* lui procura bien des joies. « On se laisse doucement glisser au fil de l'eau, a écrit son propriétaire, et l'on rêve si le cœur vous en dit, l'on débarque si l'idée vous en prend. C'est la flânerie en bateau. Quelle charmante manière de perdre son temps ! (1) »

Membre de la Société des Yachtmen de Cannes, membre de l'Union des yachts français, dont il était le correspondant à Saint-Raphaël, il lui échut, plusieurs fois, de présider les régates de cette ville enchanteresse.

Le vicomte de Savigny ne faisait, à Paris, que de courts séjours — trop courts au gré de ses amis. Quelques semaines bien vite passées et c'était tout.

La passion des voyages le tenait. Le premier qu'il entreprit fut un voyage en Orient. C'était en 1869, on inaugurait le canal de Suez. Invité par le Khédive à cette inauguration, il y assiste et profite de l'occasion pour parcourir, avec d'agréables compagnons, l'Égypte, la Syrie, la Palestine et la Turquie. Le voyage dura deux mois. Savigny, qui avait noté au jour le jour ses impressions, en publia, quelques années plus tard, le récit dans un livre charmant, agré-

____

(1) *La Nature,* 5 octobre 1895, p. 302.

menté de fort jolies vignettes d'Alphonse de Neuville et de Riou (1). C'est, plus exactement, un journal de voyage, parsemé de fines observations, écrit par un artiste. Les claires visions de l'Orient avaient laissé dans l'esprit du voyageur un charme impérissable ; mais toujours avide de sensations nouvelles, c'est à d'autres pays qu'il ira les demander. Tour à tour, il visite la Grèce, l'Italie, la Suisse, la Belgique, la Hollande, l'Allemagne, l'Autriche, la Hongrie, le Tyrol, la Norvège, l'Angleterre, l'Écosse, l'Espagne et l'Algérie.

En Écosse, invité par des amis, il se livre à la pêche du saumon, pêche des plus captivantes, paraît-il. Un gros hameçon d'or ainsi qu'une peinture représentant l'animal capturé, précieusement conservés à l'Oustalet, attestent qu'il détint le record du plus gros saumon pêché dans le courant de l'année. Le pêcheur aimait à rappeler ce souvenir.

Tandis qu'il excursionne en Espagne et en Algérie (1880), M. de Savigny consigne quotidiennement, comme au cours de son voyage en Orient, ses impressions et ses pensées. Dix-sept ans plus tard, cédant à de très gracieuses instances, il les publie dans la *Revue du Nivernais*, que dirigeait alors le fin poète Achille Millien (2). Il eût été bien dommage que ces pages, si colorées, demeurassent enfouies dans le livre fermant à clef où elles étaient écrites.

(1) Journal d'un voyage en Orient 1869-1870. Égypte-Syrie-Constantinople..... *Paris, Hachette et Cie*, 1873, in-8. Voir plus loin *Bibliographie*, n°s 1 et 2.

(2) Il a été fait un tirage à part sous le titre de : Algérie-Espagne. Notes de voyage. *Nevers*, s. d. (1897), in-8. Voir plus loin *Bibliographie*, n° 16.

Quant à la France, le voyageur, membre du Touring-Club dès sa fondation, l'avait sillonnée en tous sens ; aucune de ses beautés naturelles, aucune de ses richesses artistiques ne lui était inconnue.

Il était bien rare que M. de Savigny ne rapportât pas de ses voyages soit en France, soit à l'étranger, quelque beau livre complétant l'une ou l'autre de ses séries, déjà si bien pourvues. Passait-il à Nevers quelques jours ou quelques heures, sa première visite était pour son fidèle Michot et je gage qu'il a dû découvrir, dans les bibliothèques du bon libraire, plus d'un joyau de son riche cabinet. Où le baron Pichon, pourtant grand maître en l'art de dénicher des oiseaux rares, ne trouvait rien, le vicomte de Savigny, plus favorisé, trouvait. Car le baron Pichon, lui aussi, au cours de ses saisons de Pougues, ne manquait pas d'aller visiter le libraire nivernais. Au mois d'août 1881, notamment, il va chez lui mais revient.... bredouille. Rentré à son hôtel, il s'empresse de noter sur son journal : « Été chez Michot, libraire à Nevers, brave homme, aimant sa localité, et pensant bien. Il n'a rien du tout. » Et il ajoute, avec une pointe de mélancolie : « Lorsqu'il a, c'est pour M. de Savigny de Moncorps ! » Je sais plus d'un amateur qui eût fait grise mine à son heureux concurrent ; les relations entre les deux bibliophiles, loin d'en être refroidies, demeurèrent toujours des plus cordiales et des plus affectueuses.

De l'étranger, le vicomte de Savigny ne revenait jamais les mains vides ; il y a recueilli plus d'un livre enviable ; ne serait-ce que certaine édition rarissime des *Fables d'Ésope* qui lui procura, peut-être, l'une de ses plus grandes joies bibliophiliques.

La passion des voyages, chez lui, n'en excluait pas une autre, beaucoup plus violente, la passion des livres.

A peine âgé de huit ans, le futur bibliophile achetait, sur ses maigres économies d'enfant, son premier livre, les *Fables de La Fontaine*. Le fabuliste que, si jeune, il affectionnait déjà, est resté, jusqu'à la fin de sa vie, l'un de ses auteurs préférés. Il savait par cœur nombre de ses inimitables fables et, pendant sa dernière maladie, il s'en récitait encore à lui-même, parfois aussi des vers de Virgile.

René de Savigny avait fait de solides études classiques ; il en avait conservé l'empreinte. Rien de ce qui touchait à l'art, à la littérature, à l'histoire ne le laissait indifférent.

A dix-sept ans, il s'intéressait à la fondation d'une société savante, aujourd'hui très florissante, la *Société nivernaise des lettres, sciences et arts*. C'est à son très distingué et très érudit président, M. René de Lespinasse, cousin de M. de Savigny, que je dois ce renseignement. Qu'il veuille bien trouver ici tous mes remerciements et me permettre de faire un petit emprunt à son aimable lettre : « J'aimais beaucoup, m'écrit-il, René de Savigny ainsi que son frère Charles, mort aussi bien peu de temps avant lui (1). Tous les deux avaient fondé la Société nivernaise, en 1854, avec Mᵍʳ Crosnier. » S'il a peu collaboré au *Bulletin* de cette Société — il n'y a publié que deux articles (2) — le vicomte de Savigny prenait le plus vif intérêt à son existence, à son développement, à son avenir, surtout

(1) Décédé, au château de Fertot (Nièvre), le 27 mai 1914.
(2) Voir plus loin *Bibliographie*, nᵒˢ 3 et 4.

depuis 1889, époque à laquelle M. de Lespinasse en fut nommé président.

A la revue de la Société *La Sabretache*, dont il était membre associé depuis 1895, je ne crois pas qu'il ait collaboré (1) non plus qu'au *Bulletin de la Société d'études scientifiques et archéologiques de Draguignan* dont il faisait également partie. A la *Revue du Nivernais*, au *Livre et l'Image*, à *La Nature*, au *Courrier du livre* (2), il donne, à de rares intervalles, quelques articles, de genres divers, toujours intéressants.

Le vicomte de Savigny de Moncorps avait pris en affection le *Bulletin du Bibliophile*, « son cher Bulletin », comme il me le disait ou me l'écrivait souvent. C'est à cette vieille revue, fondée par Techener en 1834, continuée par la librairie Henri Leclerc, qu'il réservait ses études les plus attachantes (3). Les portes lui en étaient grandes ouvertes et chaque fois qu'il voulait bien me proposer un nouveau travail, je l'accueillais avec un empressement d'autant plus vif que j'étais assuré, d'avance, qu'il serait extrêmement goûté de nos lecteurs. Ses écrits sur les calendriers du XVIIIe siècle, de la Révolution, sur les almanachs de modes du commencement du XIXe, sur les cris et petits métiers de Paris, le *Bulletin du Bibliophile* revendique l'honneur de les avoir publiés. Savigny avait le don d'envelopper ses notes bibliographiques d'une grâce attrayante, à l'instar des bibliographes de l'avant-dernier siècle; son

(1) A moins qu'il n'y ait écrit sous le couvert de l'anonymat ou sous un pseudonyme, ce qui n'était pas dans ses habitudes.

(2) Voir plus loin *Bibliographie*, n°s 10, 12, 13, 14, 16 et 18.

(3) Voir plus loin *Bibliographie*, n°s 5, 6, 7, 8, 9, 11, 15, 17, 19, 20, 21, 22 et 23.

érudition, quoique sûre, restait aimable et bon enfant ; sa plume alerte savait charmer. Hélas ! cette plume est à jamais brisée. Les dures épreuves du moment nous ont forcés de suspendre la publication de notre revue ; mais tous, collaborateurs, éditeur et directeur, nous conserverons pieusement la mémoire du bibliophile que nous nous réjouissions de compter au nombre des nôtres et dont la disparition laissera, dans cette maison qu'il aimait tant, un vide cruel.

Le vicomte de Savigny était membre de la Société des Bibliophiles françois depuis de longues années ; son goût pour les beaux livres des siècles passés y avait marqué sa place. Élu comme membre adjoint, le 25 janvier 1882, en remplacement de M. le comte de Longpérier-Grimoard, il devint titulaire, le 17 février 1885, à la mort de M. le comte de la Béraudière dont il occupa le fauteuil. Au sein de cette Compagnie, qu'il affectionnait tout particulièrement, Savigny ne comptait que des amis ; comme à son club, il était notre « sympathique à tous ». Sa mort nous affligea profondément. M. Germain Bapst, qui présidait notre première réunion de l'année, rappela, dans un adieu plein de cœur, ce que fut l'homme, le soldat, le bibliophile, l'écrivain, et se fit l'interprète de tous en exprimant les unanimes regrets que nous causait la perte de ce charmant collègue.

M. de Savigny, en bibliophilie, se montrait éclectique. L'amour des livres anciens, de ceux du dix-huitième surtout, auxquels allaient, sans conteste, ses préférences, ne l'aveuglait pas au point de le détourner des livres modernes ; mais, pour obtenir droit de cité chez lui, ces livres devaient être de tout premier choix.

presque des « moutons à cinq pattes », comme on dit
en librairie et comme il le disait lui-même.

Membre de la Société des Amis des livres depuis
1894, René de Savigny publia, dans l'Annuaire de
cette Société, sa dernière étude (1).

Il avait formé trois bibliothèques, l'une à Paris, les
deux autres à Seillans et à Saint-Raphaël.

A l'Oustalet, c'était surtout la bibliothèque du yacht-
man. Installée dans une vaste pièce s'ouvrant sur une
terrasse qui domine la mer, elle se composait, en
grande partie, de récits de voyages, de livres de pêche,
de traités de navigation, de cartes marines, de manuels
et de guides nautiques. C'est là que le propriétaire du
Nautilus venait étudier les croisières projetées; c'est de
là que, pour se délasser de ses recherches ou de ses
lectures, se délectant dans un doux farniente, il
aimait à scruter l'horizon de la mer bleue et à contem-
pler la curieuse silhouette de ses deux îlots le « Lion
de terre » et le « Lion de mer » dont il a donné une
agréable description ornée d'une gravure d'après une
aquarelle due à son pinceau (2).

A Seillans, bibliothèque de travail et de lecture :
livres d'histoire, souvenirs de l'Empire, mémoires,
revues diverses, ouvrages de littérature, romans,
pièces de théâtre, etc. Quelques exemplaires de choix
aussi.

La vraie bibliothèque, celle du bibliophile, était à

(1) Étude parue en 1911. Voir plus loin *Bibliographie*, n° 24.
(2) *La Nature*, 5 octobre 1895, pp. 301-302. — Le « Lion de
terre » a été généreusement donné, en novembre 1915, à la
commune de Saint-Raphaël, par Madame la vicomtesse de Savigny, en souvenir de son mari.

Paris. C'est avenue de l'Alma qu'en un élégant cabinet de travail le vicomte de Savigny de Moncorps avait réuni ses trésors bibliophiliques. Dès l'entrée dans ce sanctuaire des beaux livres, de superbes spécimens de l'art du xviiie siècle, dessins originaux, gravures en couleurs, accrochés aux murs, attirent le regard. Ici, un dessin à la plume du Prince Impérial enfant, émouvante relique ; là, des portraits d'amis aimés, des vers autographes d'un poète célèbre. Sur un bureau de vieux style, au milieu de bibelots choisis, une écritoire et une plume, particulièrement chères au cœur du bibliophile. Au-dessus d'un large divan, les armes de l'ancien officier de Carabiniers et, posés sur une étagère de glace, sa cuirasse de cuivre au soleil argenté, son casque à chenille écarlate. Et enfin, les coquettes vitrines où reposent, à l'abri de la poussière et des mains indiscrètes, livres et almanachs. Que d'heures inoubliables passées dans cette charmante bibliothèque ! Je vois encore avec quelle tendresse Savigny regardait ses livres, avec quel respect il les sortait de leur nid, de quelle main amoureuse il les caressait, avec quelle joie il les présentait à ses amis.

La bibliothèque du vicomte de Savigny de Moncorps se compose de plusieurs séries dont la plus connue est celle des almanachs illustrés du xviiie siècle et du commencement du xixe. C'est, en ce genre, la plus précieuse collection qui existe. Depuis l'Exposition universelle de 1900, surtout, où quelques-uns de ses plus ravissants spécimens ont figuré, elle a acquis une réputation justement méritée. Il n'est pas un amateur qui n'ait fait de longues stations devant les vitrines où étaient exposés ces délicieux livrets et n'ait été séduit

par la finesse des petites estampes dont ils sont ornés
comme par la fraîcheur des maroquins ou par l'éclat des
soies brochées, émaillées de paillettes multicolores, qui
les habillent. Cette réunion d'almanachs, pour la plupart rarissimes, était un incomparable enchantement
pour les yeux. Encore ne constituait-elle qu'une faible
partie des richesses de la collection de M. de Savigny.
Ceux qui ont eu la bonne fortune de l'admirer en son
ensemble dans la bibliothèque de mon éminent collègue de la Société des Bibliophiles françois, ont pu con-
stater quelle patience sans limite, quel goût délicat
ont présidé au groupement d'une aussi merveilleuse
série.

Du Monstier avait écrit sur la porte de sa bibliothèque : *Le diable emporte les emprunteurs de livres !*
M. de Savigny, préférant à cette inscription égoïste la
libérale devise de Jean Grolier, n'était pas, comme bien
des bibliophiles, jaloux de ses trésors. Avec une affa-
bilité exquise, il faisait à qui travaillait ou partageait
sa passion des beaux livres les honneurs de ses collections et mettait, le plus obligeamment du monde, au
service de ses confrères les remarques érudites, les
observations subtiles que lui avait suggérées l'étude
approfondie de ses chers almanachs.

Les partielles mais intéressantes descriptions bibliographiques qu'il en a données furent très remarquées
et reçurent des amateurs l'accueil le plus chaleu-
reux (1). A l'occasion de l'une de ces études, mon
collaborateur et ami le baron Jérôme Pichon adressait

(1) Voir plus loin *Bibliographie*, n°s 5, 6, 7, 8, 9, 10, 11, 12,
17 et 19.

à M. de Savigny une longue lettre dont j'éprouve un vif plaisir à extraire les passages suivants :

« Dans ces charmantes pages si lestement écrites et si justement pensées, il me semble voir du *Queverdo* ; c'est aussi joli que du *Queverdo* gravé. Il est vrai que les almanachs vous doivent aussi beaucoup. Vous les faites si bien connaître que je m'attends à voir surgir de tous les côtés des adorateurs d'almanachs et, si cela fait honneur à votre talent d'écrivain, cela nous fait du tort à nous autres vieux amateurs (pardon du mot vieux qui ne vous va pas... je l'applique seulement à votre goût déjà ancien pour ces sortes de livres) qui avons déjà tant de peine à en trouver. Le terrible Morgand les râfle dès qu'ils paraissent...

« Vous amenez même les dames à l'amour de l'almanach ! Dernièrement, je voyais sur l'album de Madame de Janzé une profession de foi très nette en faveur des almanachs signée d'une très belle et très aimable dame qui ne peut avoir été conduite que par vous à cette fatale passion. Il est vrai qu'elle a à sa disposition la plus charmante collection qui existe de ces sortes de livres et qui est bien aussi un peu à elle puisque le propriétaire lui appartient. »

Le vicomte de Savigny, complétant ses études partielles, a très minutieusement décrit les principaux bijoux de sa collection d'almanachs dans un excellent ouvrage qui lui valut le titre de lauréat de l'Académie française, titre dont il était, à juste raison, très fier (1). Avec un art parfait, sa plume affinée a su mettre en valeur, jusqu'en leurs moindres détails, les grâces, le

(1) Almanachs illustrés du xviiie siècle..... *Paris, Henri Leclerc*, 1909, in-8. — Couronné par l'Académie française (prix Charles Blanc) en 1910. Voir plus loin *Bibliographie*, n° 23.

charme de ces livrets frivoles et légers, et, par ses observations fines et sagaces, éveiller la curiosité de l'amateur. L'honneur m'échut de présenter aux bibliophiles cette bibliographie que l'auteur eût si galamment présentée lui-même. De ce témoignage d'amitié je reste profondément touché.

Savigny s'était, presque exclusivement, confiné dans l'étude des almanachs; il a pu mettre ainsi à la disposition des collectionneurs, qui lui en doivent garder une vive reconnaissance, un guide aussi sûr que gracieusement rédigé. La bibliothèque de l'avenue de l'Alma était assez riche pour fournir à son heureux possesseur d'autres sujets de travail. Combien de fois fut-il sollicité de faire, pour sa nombreuse réunion d'éditions des *Fables d'Ésope* — il en possédait une soixantaine environ — ce qu'il avait si bien fait pour ses almanachs! Le projet lui souriait, mais la maladie commençait à l'affliger, il dut renoncer à sa réalisation. Regrettons-le, car cette importante série d'éditions, illustrées de figures en bois ou de gravures sur cuivre, dont la plus ancienne date du xve siècle, la plus récente du xixe, est particulièrement curieuse à divers titres. Une description détaillée eût été fort intéressante.

« Les livres vont à ceux qui les aiment », me répétait souvent le baron Pichon. Savigny les aimait, ils allaient à lui. Que de patience n'a-t-il pas mise à former cette autre série, bien séduisante, de documents, livres ou estampes, la plupart fort rares, relatifs aux petits métiers et cris de Paris. Ce côté pittoresque de la vie parisienne l'amusait; elle l'amusa même à ce point qu'il entreprit de dresser une bibliographie de ce genre de publications « pour ceux qui se plairaient à rassembler des documents sur les petits métiers et les marchands ambulants dont le passage anime les places et les carrefours, les impasses et les ruelles de notre chère cité ». Le travail, après de consciencieuses recherches, fut mené à bonne fin et compte parmi les meilleures productions de l'auteur (1).

Le vicomte de Savigny de Moncorps, qui collectionnait plus spécialement les livres illustrés, marquait peu d'enthousiasme pour ceux du XVIIe siècle. Si le lettré savait apprécier, comme il convient, la littérature du grand siècle, l'amateur ne manifestait qu'une sympathie très modérée pour les illustrations de ce temps ; mais il était trop avisé pour pousser l'ostracisme jusqu'à les exclure systématiquement de sa bibliothèque. Le dix-septième y est donc représenté, mais dans de minimes proportions.

La passion du bibliophile pour les livres du XVIIIe s'explique, au contraire, tout naturellement. « Il était dix-huitième », a-t-il été écrit (2). Rien n'est plus juste ni plus exact ; il l'était dans ses goûts comme dans son exquise courtoisie. Doit-on donc s'étonner que cette époque galante ait exercé ses séductions sur celui qui, sans l'avoir connue, en représentait, comme d'instinct, l'élégance, l'esprit et la distinction ?

Admirateur fervent de cette pléiade d'artistes qui ont si merveilleusement illustré les livres du XVIIIe siècle,

_____

(1) Petits métiers et cris de Paris. *Paris, Henri Leclerc*, 1905, pet. in-4. — Voir plus loin *Bibliographie*, n° 22.

(2) *Ceux dont il faut se souvenir*, p. 59.

Oudry, Gravelot, Eisen, Marillier, Moreau le jeune, Queverdo, Fragonard et combien d'autres, M. de Savigny a réuni, dans ses vitrines, l'une des plus enviables collections de ce genre d'ouvrages. Les fabulistes qu'il entoura, dès son enfance, d'une tendresse spéciale, y occupent une place de choix depuis le bon La Fontaine jusqu'à Boisard. Tous les « dix-huitième » en honneur parmi les bibliophiles sont là, soigneusement alignés par une main amie sur des rayons garnis de moelleuses étoffes. Leurs reliures se distinguent par une extraordinaire fraîcheur. Ces maroquins anciens, verts, rouges ou citrons, patinés par le temps, sortis de l'officine des faiseurs les plus renommés, les uns signés Derome ou Dubuisson, ces veaux fauves ou marbrés s'harmonisent heureusement avec les maroquins modernes, aux tons plus éclatants, aux dorures plus vives des Bozérian, des Chambolle-Duru, des Cuzin et des Mercier.

Dans une vitrine spéciale reposent certains exemplaires précieux dont les armoiries, frappées en or sur les plats, attestent leur provenance royale, impériale, princière ou simplement célèbre. Tels ont appartenu aux reines Anne d'Autriche et Marie-Antoinette, à Louis XV, Louis XVI, Napoléon Ier, au comte de Provence ou au prince des Asturies ; ceux-ci ont été feuilletés par Madame Élisabeth, la princesse de Lamballe et la comtesse d'Artois ; les pages de ceux-là ont été tournées par les doigts effilés de Mme de Maintenon, de la marquise de Pompadour et de la comtesse du Barry. D'autres, enfin, portent l'estampille d'amateurs de marque : Jacques-Auguste de Thou, le comte d'Hoym, les ducs de La Vallière et de Choiseul, les

marquis Amelot, de la Vrillière, de Langeron, de
Rostaing, de Villerslafaye, Mgr de Nuchèze, etc.

Quoiqu'il accusât pour ces souvenirs du passé,
comme pour ses almanachs, une prédilection toute
particulière, le vicomte de Savigny n'en goûtait pas
moins les belles productions de son époque. Il avait
formé, des livres du xixᵉ siècle, une collection qui, par
la pureté des exemplaires, pouvait rivaliser avec celle
de ses livres anciens. Toutes les têtes de colonne,
depuis les Romantiques en leurs flamboyantes reliures
jusqu'aux ouvrages les plus modernes, sont à leur
place dans les vitrines et en quelle admirable condi-
tion. Ici, des « Chine », de toute rareté ; là, des
« papiers de couleurs », souvent uniques. Les
« Japon », les « Hollande » sont légion, les uns bro-
chés, aussi immaculés qu'au jour de leur mise en
vente, les autres, plus ou moins richement habillés,
selon leur importance, par Trautz-Bauzonnet, Gruel,
Mercier, Marius-Michel, Lortic, Champs, Carayon.
D'aucuns sont enrichis d'aquarelles et de dessins
originaux de maîtres.

Les bibliographes sont les humbles mais indispen-
sables auxiliaires de l'érudit et du collectionneur. Pour
leurs travaux ou la formation de leurs collections, ils
ne peuvent se dispenser de recourir à leurs services.
Le bibliophile savait les apprécier et les mettait fré-
quemment à contribution. Son arsenal bibliographique
était largement muni.

Comme tout amateur, M. de Savigny apposait sur
les gardes de ses volumes un ex-libris : une petite éti-
quette ronde, imprimée en or sur papier ou maroquin
de diverses couleurs, plus généralement grenat : au

centre, les armes des Moncorps qui sont d'argent à
7 mouchetures d'hermine de sable posées 3, 3 et 1 ;
autour, son titre et son nom (1). Un grand nombre
de ses livres portent, en outre, sur les plats ou sur la
doublure les armes des Savigny de Moncorps : écar-
telé aux 1 et 4 d'azur à la gerbe d'argent, aux 2 et 3,
d'argent à 7 mouchetures d'hermine de sable, posées
3, 3 et 1.

Un moment, le passionné collectionneur avait eu la
velléité de vendre sa bibliothèque. C'était, si je m'en
souviens, peu de temps après la vente Sardou. L'idée
ne fut que passagère. Se séparer de ses chers livres eût
été un trop gros crève-cœur, assister à l'éparpillement
d'une collection formée avec tant de patience et
d'amour, un sacrifice au-dessus de ses forces. Il la
garda. Et non seulement il ne voulut point la voir
disperser de son vivant, mais il prit ses dispositions
pour qu'elle ne le fût pas après sa mort. Généreusement, il la légua au Musée des arts décoratifs (2) qui
accueillit, avec une profonde reconnaissance, ce don
quasi-princier.

La collection du vicomte de Savigny était, de longue

(1) Reproduit sur le titre de cette notice.
(2) « Après l'usufruit de ma femme et celui de mon neveu
Louis de Savigny de Moncorps, leur donnant la jouissance de
ma bibliothèque et collection d'almanachs des XVIIIe et XIXe siècles, je lègue, après eux, en toute propriété, au Musée des arts
décoratifs, en souvenir de mon ami Georges Berger, qui en a été
le fondateur, ma bibliothèque et la collection d'almanachs. Tous
les livres devront être réunis et exposés dans des vitrines sous le
nom de « Collection du vicomte de Savigny de Moncorps, ancien membre de la Société des Bibliophiles françois. » — Testament du 6 juin 1914.

dáte, repérée. Plus d'un amateur, escomptant la mort de son confrère en bibliophilie, avait déjà jeté son dévolu sur tel précieux almanach ou sur tel sensationnel « dix-neuvième ». Le legs au Musée des arts décoratifs a brisé net toutes ces espérances. Les bibliophiles d'à présent ne renonceront pas, sans amertume, à leurs convoitises, mais combien grande sera la joie des bibliophiles de l'avenir lorsqu'il leur sera permis de retrouver cette magnifique collection, telle que l'avait formée le nouveau Mécène, et d'en admirer les richesses dans les vitrines qui porteront son nom.

M. de Savigny avait entrepris, il y a trois ou quatre ans, de dresser le catalogue de sa bibliothèque. Il en avait, soigneusement, rédigé les fiches, accompagnées de ces notes aimables qui lui étaient familières ; l'été dernier, les ayant revisées, corrigées, mises au point, il en avait dicté la rédaction définitive. La préface est écrite, le manuscrit tout prêt pour l'impression. Tout porte à croire que le désir de son auteur était, comme il en avait eu jadis l'intention, de le faire imprimer, à petit nombre, pour des amis. Mais le bibliographe propose et la mort dispose.

La mort a disposé. Le souvenir de ce galant homme, de ce parfait chrétien, de cet exquis bibliophile vivra, toujours fidèle, au cœur de ceux qui l'ont connu, c'est dire aimé. Partout où il a passé, que ce soit au régiment, au Club, aux Bibliophiles françois ou aux Amis des livres, partout il imposait la sympathie. C'était une âme d'élite. Sa grande bonté n'avait d'égale que son excessive modestie. L'aménité de son caractère, la droiture de son esprit, l'élévation de ses sentiments, la sûreté de son commerce rendaient son amitié précieuse.

Le vicomte de Savigny n'est plus. Puisse ce modeste hommage que je dépose pieusement sur sa tombe attester la sincérité de l'affection qui m'unissait à lui et la fidélité que je conserve à sa chère mémoire.

BIBLIOGRAPHIE

DES PUBLICATIONS

DE M. LE VICOMTE DE SAVIGNY DE MONCORPS

1. — Vicomte de Savigny de Moncorps. — Journal
d'un voyage en Orient 1869-1870. Égypte-Syrie-
Constantinople. Illustré par Riou et Alph. de Neuville de 19 dessins gravés par Hildibrand. *Paris,
librairie Hachette et Cie, 79, boulevard Saint-Germain*
(Impr. J. Claye), 1873. In-8, couv. impr.

> 2 ff. (faux-titre et titre rouge et noir); et 220 pp.
> 12 vignettes hors texte, tirées sur Chine appliqué.
> Édition originale, non mise dans le commerce; en
> plus des exemplaires sur papier ordinaire, il a été tiré
> 2 exemplaires sur papier de Hollande.
> La même année, l'ouvrage a été publié à nouveau,
> avec texte abrégé, sous le titre suivant :

2. — Vicomte de Savigny de Moncorps. — Jérusalem-
Damas-Constantinople. — Journal de voyage illustré par Riou et Alph. de Neuville. *Paris, librairie
Hachette et Cie, 79, boulevard Saint-Germain* (J. Claye,
imprimeur), 1873. In-8, couv. impr.

> 2 ff. (faux-titre et titre rouge et noir); 131 pp.; 1 f.
> n. ch. (table des matières); et 1 f. blanc.
> 12 vignettes hors texte, gravées sur bois, les mêmes
> que dans la précédente édition, tirées sur Chine appli-
> qué.
> Édition imprimée à 104 exemplaires dont 4 sur
> papier Whatman.

3. — [Poésie de Bertier, curé de Saint-Caise (1664)].

> *Bulletin de la Société nivernaise des lettres, sciences et arts*, tome XII, 1886, pp. 63-64.
> Ce sonnet, adressé par Bertier au Frère Eugène Roger, récollet, a été communiqué par lettre, le 31 janvier 1884, au président de la Société par M. le vicomte de Savigny de Moncorps.

4. — Quelques mots sur les fables inédites de M. de Savigny. (Extrait du Bulletin de la Société nivernaise des lettres, sciences et arts). *Nevers, imprimerie Fay — G. Vallière, successeur, place de la Halle et rue du Rempart, 2, 1884.* Gr. in-8, couv. impr.

> 11 pp. y compris le titre.
> Signé : Vte de Savigny de Moncorps.
> A paru, pour la première fois, en 1884, dans le *Bulletin de la Société nivernaise des lettres, sciences et arts* et fait partie du tome XII, 1886, pp. 65-73.

5. — Coup d'œil sur les almanachs illustrés du xviiie siècle, par le vicomte de Savigny de Moncorps, de la Société des Bibliophiles françois. *Paris, librairie Techener (H. Leclerc & P. Cornuau), 219, rue Saint-Honoré, au coin de la rue d'Alger* (Chateaudun, imprimerie J. Pigelet), M.D.CCC.XCI (1891). Gr. in-8, couv. impr.

> 1 f. blanc ; 27 pp. y compris le faux-titre (au v°, justification du tirage) et le titre rouge et noir ; 1 p. n. ch. (nom de l'imprimeur) ; et 1 f. blanc.
> 2 planches hors texte (*Reliure exécutée par Dubuisson, 1753* et *L'Amour libraire*, d'après Cochin).
> Tirage à part, à 100 exemplaires dont 50 sur grand papier de Hollande, d'une étude parue dans le *Bulletin du Bibliophile*, de mars-avril 1891, pp. 129-151.
> L'édition suivante, très augmentée, a paru la même année :

6. — Coup d'œil sur les almanachs illustrés du xviii°
siècle, par le vicomte de Savigny de Moncorps.
Deuxième édition augmentée de la description des
vingt plus jolis d'entr'eux. *Paris, librairie Techener
(H. Leclerc & P. Cornuau), 219, rue Saint-Honoré,
au coin de la rue d'Alger* (Chateaudun, imprimerie
Joseph Pigelet), m.d.ccc.xci (1891). Gr. in-8, couv.
impr.

> 1 f. blanc; 2 ff. (faux-titre et titre rouge et noir);
> 82 pp.; 1 f. n. ch. (nom de l'imprimeur); et 1 f. blanc.
> 1 vignette hors texte (*L'Amour libraire, étrennes lyri-
> ques, 1789*), gravée par Gaucher d'après Cochin.
> Tiré à petit nombre.

7. — Bibliographie de quelques almanachs illustrés
du xviii° siècle (1759-1790). *S. l.* (Paris, H. Leclerc
et P. Cornuau), *s. d.* (1891). Gr. in-8, couv. impr.

> 1 f. blanc; 54 pp. y compris le titre de départ ci-
> dessus; et 1 f. blanc.
> Signé : Vicomte de Savigny de Moncorps.
> On lit, au v° du premier plat de la couverture, impri-
> mée en rouge et noir : « Extrait du *Bulletin du Biblio-
> phile, 1891,* publié par la librairie Techener (H. Leclerc
> et P. Cornuau). »
> Le nom de l'imprimeur (J. Pigelet) est au dos de
> cette couverture.
> Tirage à part, à petit nombre, de cette bibliographie,
> parue dans le *Bulletin du Bibliophile,* de 1891, pp. 289-
> 314 et pp. 385-412.

8. — A propos de l'Almanach Dauphin, 1782. *S. l.*
(Paris, H. Leclerc et P. Cornuau), *s. d.* (1892). Gr.
in-8, couv. impr.

> 2 ff. blancs y compris le titre de départ ci-dessus; 1 f.

> n. ch. portant, au r⁰ : *Chateaudun, imprimerie J. Pige-*
> *let ;* et à ff. blancs.
>   Signé : Vᵗᵉ de Savigny de Moncorps.
>   La couverture à fleurs porte, en lettres d'or, le titre
> de départ ci-dessus.
>   Tirage à part, à petit nombre d'exemplaires dont
> quelques-uns sur papier de Hollande, d'un article paru
> dans le *Bulletin du Bibliophile,* de 1892, pp. 313-337.

9. — Quelques mots sur différentes reliures du Calen-
drier de la Cour au xviiiᵉ siècle. *S. l.* (Paris, H. Leclerc et P. Cornuau), *s. d.* (1893). Gr. in-8, couv.
impr.

>   14 pp. y compris 4 pp. blanches et le titre de départ
> ci-dessus; et 2 ff. blancs.
>   Signé : Vᵗᵉ de Savigny de Moncorps.
>   La couverture à fleurs porte, en lettres d'or, le titre
> de départ.
>   Tirage à part, à petit nombre d'exemplaires dont
> quelques-uns sur grand papier de Hollande, d'un article
> publié dans le *Bulletin du Bibliophile,* de 1893, pp. 72-81.

10. — Vicomte de Savigny de Moncorps. — Un Catalogue de fers à dorer au xviiiᵉ siècle. *Paris, librairie
Auguste Fontaine, Émile Rondeau, successeur, 19,
boulevard Montmartre, 19* (Imprimerie Lahure),
M D CCC XCIII (1893). In-8, couv. illustr.

>   12 pp. y compris le titre rouge et noir.
>   Dessins dans le texte (reproduction de fers qui sont
> dans la boête à dorer de Tessier à l'époque de 1789).
>   On lit, au v⁰ de la couverture: « Extrait de la revue
> *Le Livre et l'Image* (n⁰ 6, août 1893). »
>   Tiré à petit nombre.

11. — Vicomte de Savigny de Moncorps. — Almanachs
illustrés de la Révolution (1790-1791). (Extrait du

Bulletin du Bibliophile). *Paris, librairie Techener (H. Leclerc et P. Cornuau), 219, rue Saint-Honoré, au coin de la rue d'Alger* (Chateaudun, imprimerie J. Pigelet), 1893. Gr. in-8, couv. impr.

> 26 pp. y compris le faux-titre et le titre ; et 1 f. n. ch. (nom de l'imprimeur).
>
> Tirage à part, à petit nombre d'exemplaires dont quelques-uns sur grand papier de Hollande, d'une étude bibliographique parue dans le *Bulletin du B.bliophile* de 1893, pp. 348-368.

12. — La Pyramide de neige construite à Paris pendant l'hiver de 1784.

> *La Nature,* n° 1137, 16 mars 1895, p. 243.
> Signé : Vte de Savigny de Moncorps.
> L'article est accompagné dé deux vignettes, extraites de : La Pyramide de neige, almanach nouveau pour l'année M D CCC L XXX VII, enrichi de figures en taille douce.... *Paris, Maillet ... Hérou.* In-24.

13. — Le Nouveau livre de Yann Nibor.

> *Le Courrier du livre,* n° 5, 13 avril 1895, pp. 37-38.
> Signé : Vte de Savigny de Moncorps.
> Article sur le livre intitulé : *Nos Matelots.*

14. — Curiosités naturelles du département du Var. — La perte de l'Argens. — Le Lion de mer et le Lion de terre.

> *La Nature,* n° 1166, 5 octobre 1895, pp. 301-302.
> Signé : Vte de Savigny de Moncorps.
> L'article est accompagné de trois vignettes dont deux d'après des photographies de Mme la vicomtesse de Savigny de Moncorps et de M. Desbat et une d'après une aquarelle de l'auteur.

15. — Un précieux autographe de Alfred de Vigny. (A la fin : *Chateaudun, imprimerie de la Société typographique*), s. d. (1896). In-8, couv. impr.

> 1 f. blanc ; 5 pp. y compris le titre de départ ; et 1 p. n. ch. (nom de l'imprimeur).
> Signé : Vte de Savigny de Moncorps.
> La couverture sert de titre.
> Tirage à part d'un article paru dans le *Bulletin du Bibliophile,* du 15 janvier 1896, pp. 15-19, sous le titre : *Précieux autographes d'Alfred de Vigny.*
> Les deux autographes sont une pièce de vers et un billet à M. le comte de Moncorps. M. le comte de Moncorps, grand-père du vicomte de Savigny de Moncorps, avait été l'ami d'enfance d'Alfred de Vigny, son camarade à la pension Hix, son frère d'armes aux Compagnies rouges de la Maison du Roi et ensuite au 5e régiment de la Garde royale à pied.
> Ces documents ont été réimprimés dans la *Revue du Nivernais,* 4e année, n° 12, année 1900, pp. 274-277, sous le titre : *Alfred de Vigny et le Cte de Moncorps.* Voir aussi les n°s 20 et 21.

16. — Vte de Savigny de Moncorps. — Algérie-Espagne. — Notes de voyage. *Nevers, G. Vallière, imprimeur, place de la Halle et rue du Rempart,* s. d. (1897). In-8, couv. impr.

> 35 pp. y compris le faux-titre et le titre.
> Tirage à part de ces notes publiées, en 1897, sous le titre : *Algérie-Espagne. Journal d'un absent,* dans la *Revue du Nivernais :* n° 7, mars, pp. 161-164 ; n° 8, avril, pp. 189-194 ; n° 9, mai, pp. 230-233 ; n° 10, juin, pp. 265-272 ; n° 11, juillet, pp. 291-294 ; n° 12, août, pp. 318-325.

17. — Vte de Savigny de Moncorps. — Les Almanachs de modes de 1814 à 1830. Bibliographie dédiée aux Dames. *Paris, librairie Techener (H. Leclerc et P.*

Cornuàu), 219, rue Saint-Honoré, au coin de la rue d'Alger (Chateaudun, imprimerie de la Société typographique), 1897. Gr. in-8, couv. impr.

> 5o pp. y compris le faux-titre et le titre rouge et noir ; et 1 f. n. ch. (nom de l'imprimeur).
> Vignette en couleur (*Promenade de Longchamp*, extraite du *Petit modiste*).
> Tirage à part, à petit nombre d'exemplaires, d'un article paru dans le *Bulletin du Bibliophile*, de 1897, janvier, pp. 18-27 ; février, pp. 53-70 ; mars, pp. 141-150 ; avril, pp. 237-245.

18. — Les Premiers livres imprimés à Nevers au seizième siècle.

> Signé : Vte de Savigny de Moncorps.
> *Revue du Nivernais*, 2e année, n° 6, février 1898, pp. 169-174.

19. — Vicomte de Savigny de Moncorps. — Le Manuel des toilettes dédié aux Dames (1777). *Paris, librairie Henri Leclère, 219, rue Saint-Honoré, 219, et 16, rue d'Alger* (Vendôme, imprimerie F. Empaytaz), 1900. Gr. in-8, couv. impr.

> 1 f. blanc ; 12 pp. y compris le faux-titre et le titre rouge et noir ; et 1 f. blanc.
> Tirage à part, à 5o exemplaires sur papier de Hollande, d'un article paru dans le *Bulletin du Bibliophile*, de juillet 1900, pp. 321-328.

20. — Deux lettres inédites d'Alfred de Vigny.

> Communiquées par M. le vicomte de Savigny de Moncorps.
> *Bulletin du Bibliophile*, 15 octobre 1904, pp. 529-531.

Réimprimées dans *Précieux autographes de Alfred de Vigny*.

Voir le n° 21.

21. — Vte de Savigny de Moncorps, de la Société des Bibliophiles françois. — Précieux autographes de Alfred de Vigny. *Paris, librairie Henri Leclerc, 219, rue Saint-Honoré* (Vendôme, impr. G. Vilette), 1904. Pet. in-8 carré, couv. impr.

14 pp. y compris le faux-titre et le titre ; et 1 f. n. ch. (nom de l'imprimeur).

Édition augmentée de deux lettres d'Alfred de Vigny.

Réimprimés à la suite de : *Les Livres de M. le Vte de Savigny de Moncorps, par Renée Pingrenon*, édition Henri Leclerc, 2e tirage, dont il ne subsisterait que trois exemplaires.

Voir le n° 20.

22. — Vte de Savigny de Moncorps. — Petits métiers et cris de Paris. *Paris, librairie Henri Leclerc, 219, rue Saint-Honoré, 219* (Paris-Vendôme, impr. F. Empaytaz, G. Vilette, succ^r), 1905. Pet. in-4, couv. impr.

2 ff. (faux-titre et titre) ; 45 pp. ; et 1 f. n. ch. (nom de l'imprimeur).

1 planche hors texte (*La Marchande d'estampes*), fac-similé d'un dessin de Schenau, tirée en deux états, avant et avec la lettre.

Tirage à part, à petit nombre d'exemplaires, de cette bibliographie publiée dans le *Bulletin du Bibliophile*, de 1904, 15 novembre, pp. 565-586 et 15 décembre, pp. 633-649.

Il a été tiré, à 25 exemplaires, une planche reproduisant une gravure sur bois du xvie siècle, intitulée : *Je sçay bien ce que sçay faire*. Cette planche, distribuée à quelques amis seulement, doit se placer en regard de la p. 28.

A cette plaquette doit s'ajouter un *Supplément*, du
même auteur, formant les pp. 47 à 74, plus 2 ff. n. ch.
(table des matières et nom de l'imprimeur). Ce supplément aux *Petits métiers et cris de Paris* a paru dans le
Bulletin du Bibliophile, de 1906, août-septembre,
pp. 309-328.

23. — Vte de Savigny de Moncorps, de la Société des
Bibliophiles françois. — Almanachs illustrés du
xviiie siècle. Avant-propos de Georges Vicaire. *Paris,
librairie Henri Leclerc, 219, rue Saint-Honoré, 219*
(Chartres, imprimerie Durand), M D CCCC IX (1909).
Gr. in-8, couv. impr.

I f. blanc ; viii pp. (faux-titre ; au v°, justification du
tirage ; titre bistre et noir, et avant-propos) ; 283 pp. ;
et 2 ff. n. ch. (table des matières et achevé d'imprimer).
53 vignettes dont 7 hors texte, savoir :
1° *L'Amour libraire*, gravé par Gaucher d'après Co-
chin.
2° *L'Odorat*, par Queverdo.
3° *Congrès de Cythère*, par Queverdo.
4° et 5° Fac simile des 8 gravures de : *Les Escapades
de l'amour* (en deux planches).
6° *La Prise de la Bastille*, gravée par L.-M. Halbou
d'après J.-M. Moreau le jeune.
7° *Promenade de Longchamp*, en couleur.
Les autres vignettes, reproduisant des reliures d'almanachs, sont tirées sur Chine et rapportées dans le
texte, sauf cinq qui sont imprimées avec le texte.
Tiré à 125 exemplaires numérotés sur papier de Hollande.
Cet ouvrage contient la réimpression des principales
études du vicomte de Savigny de Moncorps sur les Almanach, revues, remaniées et très augmentées.

24. — A propos de l'Histoire de Frédéric le Grand de
Kugler et Menzel, par le vicomte de Savigny de

Moncorps. *Paris, extrait de l'Annuaire des Amis des
livres* (Chartres, imprimerie Durand), 1911. Pet.
in-8, couv. impr.

> 29 pp. y compris le faux-titre et le titre ; et 1 f. n. ch.
> (nom de l'imprimeur).
> Pp. 18-19, reproduction de la reliure de ce livre.
> Tirage à part de l'Annuaire des « Amis des livres »,
> de 1911, pp. 47-71. Cette étude y est signée : Vte de S.
> de M.

Les Livres de M. le Vte de Savigny de Moncorps, par
Renée Pingrenon. Notice précédée d'une lettre de
M. le marquis Costa de Beauregard, de l'Académie
française. *Paris, librairie Henri Leclerc, 219, rue
Saint-Honoré,* 1904, in-12.

> 2 ff. blancs ; 3 ff. (faux-titre, titre et lettre de M. le
> marquis Costa de Beauregard) ; et 47 pp.
> Cette description sommaire des livres du vicomte de
> Savigny a subi bien des avatars. Publiée, pour la pre-
> mière fois, dans l'*Intermédiaire des Bibliophiles,* catalo-
> gue à prix marqués de la librairie A. Durel, il en a été
> fait un tirage à part sous le titre suivant :

> Les Collections de M. le vicomte de Savigny de Mon-
> corps, par Renée Pingrenon, rédacteur en chef de L'In-
> termédiaire des Bibliophiles, etc. *Paris, A. Durel....,*
> 1904, in-8 de 8 pp.

> La même année, M. de Savigny fit réimprimer textuel-
> lement, sauf le titre, cette notice en une plaquette de
> petit format par les soins de la librairie Henri Leclerc
> (4 ff., 23 pp. et 1 f.).
> Une deuxième édition, précédée d'une curieuse lettre
> du marquis Costa de Beauregard à son ancien compa-
> gnon d'armes, augmentée d'un appendice, de lettres
> adressées au bibliophile au sujet de ses publications, et
> de la réimpression de *Précieux autographes d'Alfred de*

Vigny, parut la même année. C'est la plus rare, car je tiens de mon vieil ami qu'il n'en subsiste que trois exemplaires, le sien, un-autre, et celui qu'il me fit l'amitié de me donner (6 ff., 57 pp. et 1 f.).

Une troisième édition, celle décrite ci-dessus, parut encore en 1904. Elle est conforme à la précédente, sauf que *Précieux autographes d'Alfred de Vigny* en ont été supprimés.

Le vicomte de Savigny a revu lui-même ces deux dernières éditions pour lesquelles il a fourni des renseignements complémentaires.

MORT ET OBSÈQUES

DE

M. LE VICOMTE DE SAVIGNY DE MONCORPS

Le vicomte René de Savigny de Moncorps est décédé
à Seillans, département du Var, le 6 octobre 1915 ; il
est mort, comme il avait vécu, en excellent chrétien.
Sentant approcher son heure dernière, il demanda le
secours suprême de la Religion. Peu après, il rendait
son âme à Dieu, assisté de Celle qui fut l'admirable
compagne de sa vie et de son très cher neveu, M. le
comte Louis de Savigny de Moncorps.

Un service funèbre fut célébré, le 8 octobre, en
l'église de Seillans, trop petite pour contenir la foule
nombreuse et recueillie, venue pour rendre les derniers devoirs à l'homme de bien qui, par la noblesse
de son caractère, son aménité, sa droiture, sa charité
inépuisable, avait su se faire aimer de tous, des grands
comme des humbles. Les habitants du pays, des amis
accourus de loin, de très loin même, avaient tenu,
par leur présence, à témoigner à la famille si cruel-
lement éprouvée leur respectueuse et affectueuse sympathie.

Le même jour, la dépouille mortelle du vicomte de
Savigny était transportée, à Saint-Raphaël, dans les
caveaux de l'église Notre-Dame de la Victoire ; elle
y reposa jusqu'à l'heure du départ pour le Rousset où
devait avoir lieu l'inhumation, dans l'église de Clomot
(Côte-d'Or).

Le 6 novembre, à Saint-Raphaël, célébration d'un

4

second service, en présence d'une affluence considérable. Des amis, des voisins, toute la population de la ville, les gens de mer, que M. de Savigny aimait autant qu'il était aimé d'eux, y assistaient. Témoignage éloquent des unanimes et profonds regrets laissés par le cher disparu !

La cérémonie terminée, le funèbre cortège se dirigea vers la gare et là, devant ce cercueil que le train allait emporter vers la Bourgogne, Frédéric Montenard, le prestigieux peintre de la Provence, ami fidèle et dévoué, prononça, d'une voix émue, ce touchant adieu :

Au nom de mes compatriotes, et je suis sûr d'être l'interprète des habitants de Saint-Raphaël, je viens dire un dernier adieu à Celui qui a aimé notre terre de Provence, et qui va nous quitter sans retour.

Des voix plus autorisées que la mienne ont retracé la carrière militaire du vicomte de Savigny de Moncorps ; il faisait partie de cette génération de brillants officiers qui surent combattre et mourir en gants blancs pour arrêter l'envahisseur en 1870 et dont nous voyons les fils et les petits-fils continuer les mêmes traditions si françaises dans un drame mondial où sont confondus dans le même sacrifice tous les enfants de France.

Je veux dire adieu à l'ami, à celui qui fut un galant homme, qui fut, suivant l'expression si caractéristique des Anglais, un parfait gentleman.

D'un accueil charmant, toujours affable et sachant

écouter, il faisait la conquête de tous ceux qui l'approchaient.

Lettré, amateur des belles choses et de toutes les manifestations du génie français, le vicomte de Savigny était un bibliophile distingué. Il laisse une collection de livres remarquables.

Lorsque l'Allemagne déchaîna, une seconde fois, la terrible guerre, le vicomte de Savigny se trouvait à Seillans avec Madame de Savigny. Ne pouvant plus servir son pays en tirant l'épée, il organisa, avec sa fidèle compagne, d'un zèle infatigable et d'une immense charité, une ambulance pour les blessés, pour ces soldats qu'il ne pouvait plus mener au feu, mais qu'il pouvait encore secourir.

Et il semblait que Madame de Savigny devait apprendre auprès de ses chers blessés ce rôle d'infirmière qu'elle a fini par exercer auprès de son mari dont elle a adouci les moments douloureux du dernier départ.

Le vicomte de Savigny est mort en grand chrétien, sans tristesse, car il savait que, de l'autre côté, il verrait le triomphe de sa Patrie.

Le 9 novembre, les obsèques du vicomte de Savigny de Moncorps furent célébrées en l'église de Clomot où se pressait une nombreuse assistance. A l'issue de la cérémonie, M. Guibert, président des Vétérans 1870-71 d'Arnay-le-Duc, prononça cette émouvante allocution :

C'est au nom de la 621ᵉ section des Vétérans 1870-71 d'Arnay-le-Duc, dont le poste de président d'honneur est si dignement rempli par M. le marquis de Villerslafaye, beau-frère du défunt, que nous venons déposer sur le cercueil qui renferme les restes de notre glorieux aîné, M. le commandant vicomte René de Savigny de Moncorps, la palme de la Revanche et du Souvenir.

Il serait superflu de rappeler ici la bravoure, la crânerie, les exploits du chef de bataillon des mobiles du département de la Nièvre au combat d'Orléans, à la gare des Aubrais, qui lui valurent, sur le champ de bataille, la croix de la Légion d'honneur. Il portait aussi, et bien haut, la médaille de 1870 que je vois briller sur la poitrine des rares épaves de cette guerre, médaille que nous sommes fiers de montrer à nos héros-martyrs qui, eux, nous reviendront bientôt couverts de gloire et de lauriers, en chantant la Victoire, victoire que feu le brave commandant entrevoyait déjà, comme une ultime consolation, avant de s'éteindre.

Avec notre drapeau, nous nous inclinons bien bas devant la dépouille mortelle du vaillant soldat, et prions sa noble et charitable famille de bien agréer l'expression de nos sincères et bien respectueuses condoléances pour le nouveau deuil qui vient de la frapper, elle déjà tant éprouvée !

Mon commandant, adieu !

Le vicomte de Savigny avait exprimé le désir d'être inhumé, au Rousset, dans le caveau de famille des

Villerslafaye (1). C'est là qu'il dort son dernier sommeil, entouré d'êtres qui lui étaient chers et que la mort a prématurément fauchés.

(1) Ce caveau est situé dans l'église même de Clomot, sous une chapelle latérale, placée sous le vocable du Sacré-Cœur.

CEUX DONT IL FAUT SE SOUVENIR

PAR

LÉON DE TINSEAU

Beaucoup d'hommes, en quittant ce monde, continuent à vivre dans le cœur de leurs amis par un souvenir affectueux et durable. Un plus petit nombre laissent même à ceux qui ne firent que de les rencontrer, quelque chose de plus : la vision d'un type digne d'être considéré, médité, soit comme un exemple, soit comme un sujet d'étude profitable et intéressante. Parmi ces derniers on peut citer le gentilhomme parfait et complet qui vient de disparaître au seuil de sa soixante dix-huitième année : René, vicomte de Savigny de Moncorps, ancien combattant de 1870, de la Société des Bibliophiles françois, lauréat de l'Académie, membre du Jockey Club depuis 1867, et grand voyageur en son temps.

Cette simple énumération suffit à faire voir que des pages nombreuses pourraient lui être consacrées si, à l'heure présente, l'éloge des jeunes morts dont l'héroïque dépouille est à peine refroidie ne laissait trop peu de place à l'éloge de leurs aînés.

Savigny, au dire de ses camarades survivants, fut un des plus beaux officiers de l'armée française de son époque. Il fut, ce qui est mieux, l'un des plus vaillants. Sorti de Saint-Cyr pour entrer aux carabiniers, il avait pris part à la guerre de 1870 comme chef de bataillon aux mobiles de la Nièvre. C'est lui qui, au légendaire combat d'Orléans, défendit la gare des Aubrais. La croix de chevalier de la Légion d'honneur fut la récompense de ce haut fait d'armes.

Parmi ses nombreux voyages en Europe, en Orient, et jusqu'au Cap Nord, l'un des plus intéressants, dont il publia une relation étendue et remarquable, fut sans doute son excursion en Égypte pour assister, comme invité du Khédive, à l'inauguration du canal de Suez en 1869. Ce récit, bien illustré et enrichi de menus détails curieux, est aujourd'hui un véritable ouvrage de bibliothèque. On a pu remarquer que cependant Savigny ne parlait jamais de ses voyages : d'une part il était modeste ; de l'autre il connaissait le tempérament des auditeurs parisiens.

Malgré les promesses de cet heureux début, plusieurs années s'écoulèrent avant l'orientation manifeste de ses goûts vers la littérature. Il y entra par la porte de cette petite Académie, non moins fermée que la grande, qui se nomme la Société des Bibliophiles françois. Très fier de lui appartenir, il donna un cadre spécial à ses goûts d'amateur d'éditions rares, en réunissant peu à peu une des plus précieuses collections d'almanachs du xviiie siècle qui existe. Loin de cacher ses trésors avec un soin jaloux, il voulut en faire profiter les amateurs, de son vivant, et les décrivit dans un volume de 300 pages à tirage restreint, si bien orné d'estampes et si généreusement nourri d'extraits, qu'après l'avoir lu il semble qu'on en sache presque autant sur leur compte que le possesseur lui-même. Au surplus, par sa volonté généreuse, sa collection sera offerte un jour à l'admiration du public.

Ceux qui ont connu René de Savigny comprendront qu'il devait se sentir attiré vers l'époque par excellence de la délicatesse et du raffinement français. De même que nous voyons souvent la ressemblance physique « sauter une génération », de même ce Parisien, très moderne sous tant de rapports, était *dix-huitième siècle* sous quelques-autres qui n'étaient pas les moins bons. Il n'aurait eu qu'à changer d'habit pour entrer dans le salon de Mme du Deffand ; il n'aurait pas eu besoin de changer de conversation, de manières, de gestes, d'attitudes. Que de fois j'ai souhaité aux jeunes gens qui m'intéressent de voir, pendant une heure seulement, Savigny aborder, quitter une femme, dans la rue ou ailleurs ; d'écouter ce langage d'une courtoisie charmante, toujours respectueux, avec les nuances commandées par la situation ou par l'âge, qu'*elle* fût princesse ou simple bourgeoise ! Hélas ! l'école est bien près d'être fermée. Les derniers maîtres du genre prendront bientôt leur retraite.

Très en faveur auprès des femmes, il n'avait, chose assez rare en pareil cas, que des amis dans l'autre sexe. S'il aimait ses almanachs, il n'aimait pas moins son Club, et la disparition de ces camarades rencontrés pendant cinquante ans, lui causait une peine profonde. Les deuils glorieux de la guerre, en frappant son cœur de coups douloureux, ont hâté la fin de sa vie, privée de la suprême consolation de la victoire future.

Il avait trouvé dans sa femme, née Villerslafaye, une compagne digne de lui, sachant l'apprécier, et dont la tendresse dévouée, surtout dans la dernière période de sa longue et cruelle maladie, le paya du bonheur qui avait marqué chacun des jours de leur union.

Au moment suprême, il fit voir la bravoure de l'ancien combattant des Aubrais et la foi du chrétien sincère.

Ses derniers mots furent — et cette confiance n'aura pas été trompée : « Je viens de signer mon passeport pour le Ciel. »

TABLE DES MATIÈRES

ACHEVÉ D'IMPRIMER

LE 24 JUIN 1916

PAR

DURAND,

TYPOGRAPHE A CHARTRES